Saath Hai Par Anjane Se

Mann ki Baate

Rutika Chandvilkar

BookLeaf Publishing
India | USA | UK

Made with ❤ on the BookLeaf Publishing Platform
www.bookleafpub.in
www.bookleafpub.com

Dedication

...To my partner, whose belief
kindled my courage,
and to my best friend, whose
cheer lifted every word—
this collection is also for every
quiet heart that yearns to speak.

..Thank you..

Acknowledgements

With love and gratitude to my partner,
who believed in me—
and my deepest thanks to my best friend,
whose encouragement carried me forward.
I am also grateful to BookLeaf Publishing
for giving me this wonderful opportunity.

1. Nashili Sham......

Unki shame humesha se ankahi si thi humare saath
Vo kehte hai unko humari yaad satati hai nashe mai,
Chahte toh hum bhi unhe sabse jyada hai,
lekin kuch vaado ne unko or hume roka hai
Pata hai aap toh hosh mai dur se rahete ho
Par aapka aankhe churana dikh jarur jata hai
Pata nahi kyu taras rhi hai aankhe apako dekhne ke liye
Chahe toh hum bhi aapko keh de
Ruk jao ,Mere ho jao....
Bas itni si hi khwahishye hai meri....
Aur apka nasha utar jaye humari aankhon se
Toh aage badh jaye vo nasheli sham se......

2. Kinara..

Tumhara toh kinara hi alag hai jisme
Mai dur dur tak nhi basti
Bas tumhari lehro si aawaj aur
Vo thandi hawa mehsoos kar leti hu
Kabhi lagta hai kho jau tujhme
Kabhi tumhe tumse chin lu
Rakh lu apne pass...
Vo pal phir se jee lu jab .,
Tum or mai akele the or saath mai tha pyaar ...
Yaade ban ke reh gaye hai vo pal kyuki...
Tumhara toh kinara hi alag tha......

3. Dua..

Itne din bit gye
Phir bhi yaade utni hi taazi hai ,
Tumhe ek najar dekhne ke liye humesha raazi hai
Har dua kabul hai use meri ,
Par jab aapka naam aaye toh
Uski naarazi hai...

4. Manjil

Ab kaha bhagu
Gali ka har ek rasta Tum pe aake rukta hai
Dimag toh kehta hai Chale jana vaha Jaha Mai hu
Dil toh humesha Usi gali ke raste pe Rukta hai,
Or kehta Ki mai hi teri manjil hu....

5. Safar

Bade dino baad aaj akele nikle hai
Socha aapki yaado se thoda dur chale
Khudgarj banke apni jagah dhunde Jaha manjile khatam na ho ,
Jaha bas Mai rahu na aapka saath ho
Vaise toh than liya akele hi chlna h,
Socha kabhi kabhi aapka saath lene se koi aitraaz nhi,
Par ab toh raste bhi aapki yaad dilate nahi
Toh chal rhe hai akele jaha sirf Mai hu...

6. Najare jo na mili

Ek najar hi kafi thi meri tumhari khubsurati
jaan ne ke liye,
Khud ko padh lo kabhi Humari najaro se
Samjh jaoge kitne Khubsurat ho
tum or tumhari baate..........

7. Mehfil-E-Sham

Mehfil mai the hum
Haatho Mai jaam tha
Aankho Mai Nasha tha
Jiski talash Mai hum baithe the
Vo kisi or ke saath baithe the
Pyaar toh unki bhi aankho mai bhi tha ,
Par humare liye nhi tha....

8. Vakt ki Baatein

Kaha rukta hai vakt Hume bhi batao jara
Leke chale unko vaha
Aur unke saath ji le jara
Kash vakt ko rokna Hota aasan,
Toh rok lete unko bhi Aur uss pal Mai ji lete jara ..
Aapki baaton Mai rukna chahte the
Aapki hasi ko baar baar dekhna chahte the
Vahi pal phir se jina chahte the
Yehi baaton ke vajh se,
Niklte vakt ko rokna chahte the.....

9. Bas dil hai...

Aaj unke yaado mai kho jane ka dil hai
Unke saath baith ke najare dekhne ka maan hai
Jaise Chaand ke vajhse sitare chamkte hai,
Usi tarah aapki yaad aane se humare chehre khilte hai
Aapki hasi se hume pyaar h Jo humari yaadon mai aati sabse phele hai
Aap toh vo chand ho jo sare sitare chamkata hai,
Isliye hume sirf aapki yaadon rehna accha lagta hai
or aapke yaado mai kho jane ka dil hai.....

10. Saath hai par anjane se...

Saath hai par anjane se
Baate ho rhi, par apne aap se,
Samjhdari ka kirdar sambhalne ki koshish
mai jarur hai mera dil
Par ye dil se samjhdaari aati kaha
hai,
Jab aapki yaad aati hai toh aapki
tasveere niharte hai
Unhe dekh ke hi keh leti hu ki hojao
mere,
Kyuki aise toh saath, par anjaane se.....

11. Ghum....

....Ghum...

Kaha the aap jab
Shame dhal rahi thi
Shayad akelepan mai ghum se the aap
Humare saath tha vo dhalta suraj sham ka ,
Jise dekh kr yaad pahele aapki aati hai ,lekin
Jaise aap ghum se ho chuke the meri sham se
Us sham ke dhalte suraj ki tarah......

12. Yaadein......

Jinse hume pyaar tha, unhe hum yaad nahin,
Jinhe hum yaad hain, usne hume pyaar nahin,
Inn yaadon ke kashti mein doob jaana hai bas,
Na sahil ka junoon, na kinara koi khas nahin.
Bas pyaar mai the or rahenge sada tumhare yaadon mai....

13. Kavi......

Tum hi vajah ho meri
aaj kavi kehlati hu kyuki ,
Abhi bhi yaad karti hun tumhe
Jab bhi kuch likhti hu ,
Mann mai baithe rehte ho tum,
Jise kabhi bhul hi na payi mai ....

14. Aadatein.....

Teri aadte mujhe samjh aane lagi hai
un aadton mai bandhne laga hu
ye chanchal mann ye mera
bol tere bolne laga hai
taras raha hu mai ,
tujhe ek najar dekhne ke liye
anjane mere ye bhav mujhe samjh aane lage hai
bas , teri aadatein mujhe pasand aane lagi hai.....

15. Saathi

Mat chodo mujhe iss desh akela
Saathi tumsa na paaya kabhi
Dil mai basi yaadain tumhari,
Us path par saath ho tumhara
Aur ban jau sada mai tumhara...
Iss duniya ko bhul jau or mann se jee lu jara
Mat chodo mujhe tum iss desh akela,
le chalo mujhe bhi saath jara ...

16. Ghar

Kho baithi mai apne hosh
Dekh tujhe ek najar..
Teri aankhon mai hai sukoon ,
jaise mil gaya mujhe mera ghar
Ho gyi mai us pal mai teri ,
Aur kho baithi mai apne hosh ....

17. Uljhan....

Iss tarah uljah gyi hu mai
Kisi ko na mil saki
Mai khud dhundti reh gyi
Phir bhi na mili kahi
Khyalo mai kho jati hu
Akelepan mai reh jati hu ...
Mann mai hi bolti hu
Mann hi mann sab keh jati hu
Mai aisi hi hu , apni si
Aise hi uljh jati hu

18. Bewafai....

Khud se bhi ab rooth gayi hoon main,
Unki yaadon ka ek jharokha ban gayi hoon main,
Kya faayda us pyaar ka jo kabhi mera tha hi nahin,
Aur kya gila uss bewafai ka jo kabhi keh kar gaya hi nahin."
Bewafai ka kitab toh unhe du toh du kaise?..
Meri kismat mai unhe pana likha hi nahi ....

19. Moh........

Tere aankhon ki vo chamak
mera har pal roshan kar jata hai
Tere hone se hi, mere vajood ki kimmat hai
Teri hasi mai hi Mohini
Jo kehti hai rehlu sada tere baahon mai
Kyuki tera hona hi mera sukoon hai

20. Ek shayari tumhare liye...............

Mannat
Chahat
Zindagi
Sapne
Hosh
Shayar
Taqdeer , sab tum ...
Bolo kuch choda hai, tumne mere liye..
Mannate bhi teri mangu
Chahu bhi tujhe mai
Zindagi tum ho meri
Dekhu sapne bhi tere mai
Hosh udd gaye tujhe dekh
Taqdeer bhi tum se likhu
Lo ban gayi mai shayar, "tumhare ishq mai".....

21. Khayal...

Ek purani si kitab thi
Jisme the rakhe khat tumhare ishq bhare
Kagaz kuch barso purana tha ,
Lekin pyaar tumhara naya sa tha
Abhi bhi khayal aata hai tumhara toh
Padh leti hu khat tumhare ishq bhare
Jisme tumhare yaado ki khusboo,
Aur pehchan humare ishq kii.........

www.ingramcontent.com/pod-product-compliance
Lightning Source LLC
Chambersburg PA
CBHW062309240926
51846CB00013B/927
9789372134087